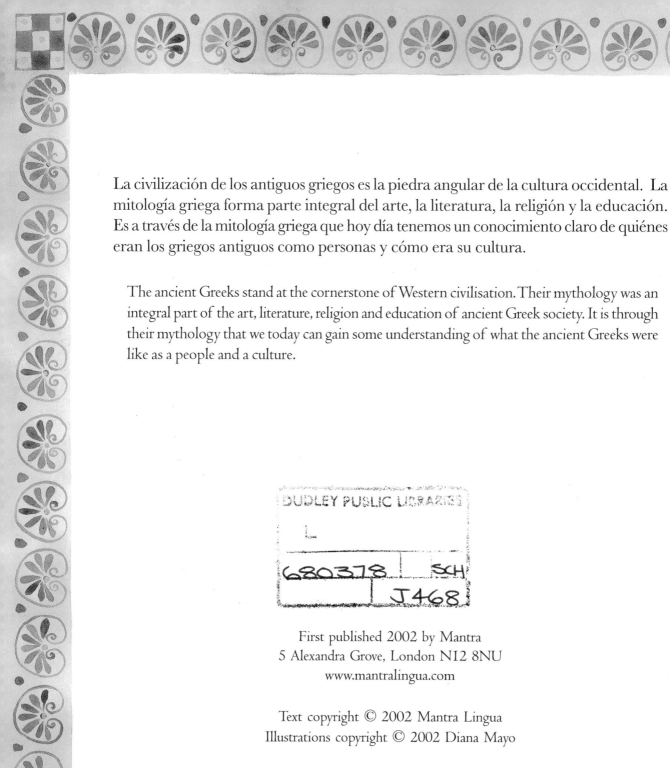

La civilización de los antiguos griegos es la piedra angular de la cultura occidental. La mitología griega forma parte integral del arte, la literatura, la religión y la educación. Es a través de la mitología griega que hoy día tenemos un conocimiento claro de quiénes eran los griegos antiguos como personas y cómo era su cultura.

The ancient Greeks stand at the cornerstone of Western civilisation. Their mythology was an integral part of the art, literature, religion and education of ancient Greek society. It is through their mythology that we today can gain some understanding of what the ancient Greeks were like as a people and a culture.

First published 2002 by Mantra
5 Alexandra Grove, London N12 8NU
www.mantralingua.com

Text copyright © 2002 Mantra Lingua
Illustrations copyright © 2002 Diana Mayo

British Library Cataloguing in Publication Data:
a catalogue record for this book is available
from the British Library.

La caja de Pandora

Pandora's Box

retold by Henriette Barkow

illustrated by Diana Mayo

Spanish translation by Maria Helena Thomas

mantra

Hace mucho, mucho tiempo, existían muchos dioses y diosas.

El rey de los dioses, Zeus, estaba sentado sobre el monte Olimpo pensando que la tierra era hermosa, pero que le faltaba algo. Miró detenidamente y se dio cuenta de que lo que hacía falta sobre la tierra eran animales, aves y peces.

Long long ago, at the beginning of time, lived gods and goddesses.

Zeus, the king of the gods, sat on Mount Olympus and thought that the earth was beautiful but also that something was missing. He looked closer and decided what was needed on earth were animals and birds and fishes.

Zeus llamó a dos de sus titanes: Prometeo y Epimeteo. Les pidió que crearan las criaturas que habitarían la tierra diciendo: "Aquí en esta bolsa hay muchos regalos especiales de los dioses para todas las criaturas que inventen."

Zeus called the two Titans, Prometheus and Epimetheus, to him and gave them the task of creating all the creatures to live on the earth.

"Here is a bag with some special gifts that you can give to your creations," he told them.

Prometeo y Epimeteo eran hermanos y - como muchos hermanos - cada uno tenía sus propios defectos y virtudes. Prometeo, cuyo nombre significa 'el que piensa' era el más inteligente de los dos. Él podía ver el futuro y por eso le dijo a Epimeteo: "Yo no siempre estaré aquí, tienes que tener mucho cuidado con los regalos que te haga Zeus."

Prometheus and Epimetheus were brothers, and like many brothers each had his own strengths and weaknesses. Prometheus, whose name means forethought, was by far the cleverer, and as his name suggests, he could often see into the future. Thus it was that he warned Epimetheus: "I won't always be here, so take great care with any gift that Zeus may give."

A pesar de que Epimeteo no era tan inteligente como su hermano, tenía un gran talento creativo haciendo cosas como las que hacen los carpinteros y los escultores. Así creó todas las criaturas que pudo imaginarse y les dio distintos regalos de los que había en la bolsa que le había dado Zeus. A algunas les dio cuellos largos, a otras rayas y colas y otras recibieron picos y plumas.

Although Epimetheus wasn't as clever as his brother, he was good at making things, like a sculptor or a carpenter. He created all the creatures that he could think of and gave them different gifts from Zeus' bag. Some he gave long necks, others he gave stripes and tails, beaks and feathers.

Una vez hechas todas las criaturas se las enseñó a Prometeo y le preguntó "¿Qué te parecen?"

"Son verdaderamente maravillosas" –dijo Prometeo.

Entonces Prometeo se puso a ver la tierra y se le ocurrió otro tipo de criatura, una que podía ser a imagen y semejanza de los dioses. Agarró arcilla y agua y formó al primer hombre.

Luego le hizo amigos para que no estuviera solo.

When he had made all the creatures he showed them to Prometheus. "What do you think?" he asked his brother.

"They are truly wonderful," said Prometheus.

Looking across the earth Prometheus then had the idea for another kind of creature - one that would be modelled on the gods. He took some clay and added some water and moulded the first man.

Then he made him some friends so that man wouldn't be lonely.

Cuando terminó de hacerlos se los enseño a Zeus,
quien les dio el soplo de la vida.

When he had finished he showed his creations to Zeus who breathed life into them.

Prometeo y Epimeteo le enseñaron a los hombre cómo cuidarse a si mismos. Se quedaron en la tierra y vivieron con ellos para enseñarles a cazar, a construir viviendas y a cultivar alimentos.

Un día Prometeo buscó en la bolsa de Zeus un regalo especial para los hombres, pero la bolsa estaba vacía. El tronco se lo habían dado al elefante, la cola larga al mono, el rugido más grande al león, el vuelo a las aves y así, hasta que no quedaban más regalos.

Prometheus and Epimetheus taught man how to look after himself. They stayed on earth and lived with man teaching him how to hunt, build shelters and grow food.

One day Prometheus went to Zeus' bag to find a gift for his creations but the bag was empty. The trunk had been given to the elephant, the long tail had been given to the monkey, the biggest roar to the lion, flight to the birds and so it went until there were no more gifts.

Prometeo, quien estaba encantado con sus criaturas, quería darles un regalo especial para que sus vidas fuesen mejores. Y entonces se le ocurrió una idea: Fuego. Le regalaría fuego a los hombres.

Pero el fuego pertenecía a los dioses. La única forma de dárselo al hombre era robándoselo a ellos.

Esa noche Prometeo subió al Monte Olimpo y se robó una pequeña llama y se la dio a los hombres. Les enseño qué hacer con el fuego y cómo mantener la llama encendida.

Prometheus, who had grown very fond of his creations, wanted something special to give to man, something that would make his life easier. And as he watched his creation the idea came to him – fire. He would give man fire.

Now fire belonged to the gods and the only way that Prometheus could give fire to man was by stealing it.

Under the cloak of darkness Prometheus climbed Mount Olympus and stole a tiny flame and gave it to man. He taught him how to keep the flame alive and all that man could do with fire.

No pasó mucho tiempo antes de que Zeus se diera cuenta de que el hombre tenía algo que le pertenecía a los dioses y como los regalos de los dioses no se pueden quitar Zeus estaba furioso. Con rabia y odio decidió castigar tanto al hombre como a Prometeo.

Zeus agarró a Prometeo y le ató a un precipicio. Prometeo sintió mucho dolor pero eso no fue suficiente para Zeus: quería que Prometeo sufriera aún más.

It didn't take long for Zeus to see that man had something that didn't belong to him, something that belonged to the gods and a gift given by a god could not be taken back. Zeus was furious and with all the rage and wrath of a god he decided to punish both Prometheus and man.

Zeus grabbed Prometheus and chained him to a cliff. The pain was almost unbearable but that wasn't enough for Zeus, he wanted Prometheus to suffer even more.

Entonces Zeus envió a un águila para que le arrancase el hígado a Prometeo. Cada noche el hígado se reconstituía y cada mañana regresaba el águila a torturar y atormentar a Prometeo.

El dolor era interminable y Prometeo estaba condenado a sufrirlo para siempre, sin la esperanza de que el dolor acabase.

So Zeus sent an eagle to tear out Prometheus' liver. Every night his liver would heal and every morning the eagle would return, to torment and torture Prometheus even more.

This was pain without ending, and thus Prometheus was doomed to suffer forever without hope.

Una vez castigado Prometeo, Zeus pensó en cómo vengarse del
hombre y se le ocurrió un buen plan, un plan digno de los dioses.
Decidió crear un ser igual a las diosas pero humano.

Así creó a la mujer y le dio el soplo de la vida.

Having punished Prometheus, Zeus devised a cunning plan to take his
revenge on man. A plan that was worthy of a god. He created a being that
looked like a goddess but was a human.

He created woman and breathed life into her.

Zeus llamó a los otros dioses y diosas y les pidió que
le hicieran regalos a la mujer. Entre otras
cosas Afrodita le dio belleza, Atena le dio sabiduría,
Hermes le dio capacidad de hablar con astucia y
Apolo le dio el regalo de la música.
Zeus le dio el nombre de Pandora y la envió
a vivir en la tierra.

Zeus called the other gods and goddesses to his side and asked
them each to give woman a gift. Among the many attributes, Aphrodite
gave woman beauty, Athena gave her wisdom, Hermes gave her a clever
tongue and Apollo gave her the gift of music.
Zeus named her Pandora and sent her to live on earth.

Epimeteo se enamoró de Pandora porque una mujer hecha en el cielo, con los regalos de los dioses, era imposible de resistir.

El día de la boda Zeus les regaló una caja muy hermosa e intrigante.

"Disfruten de la belleza de este regalo y cuídenlo bien pero recuerden: esta caja no debe abrirse nunca."

Pobre Pandora, Zeus había determinado su destino porque entre los regalos que le habían dado los dioses estaba el don de la curiosidad.

A woman made in heaven, with the gifts of the gods, was impossible to resist and Epimetheus fell in love with Pandora.

On their wedding day Zeus gave them a beautiful and intriguing box. "Enjoy the beauty of this gift, and guard it well. But remember this - this box must never be opened."

Poor Pandora, Zeus had woven her fate, for amongst the gifts of the gods was the gift of curiosity.

Al principio Pandora y Epimeteo eran muy felices. El mundo era un lugar muy rico y lleno de paz en el que no existían las guerras, las enfermedades, la tristeza o el sufrimiento.

Mientras Epimeteo estaba fuera de casa todo el día, Pandora utilizaba bien su don de la curiosidad encontrando nuevas formas de preparar la comida y de hacer música. Estudiaba a los animales e insectos a su alrededor y le enseñaba al hombre nuevas maneras de utilizar el fuego para cocinar y trabajar los metales.

At first Pandora and Epimetheus were very happy. The world was a rich and peaceful place. There were no wars or illnesses, no sadness or suffering.

While Epimetheus was out all day Pandora used her gift of curiosity wisely. She found new ways to prepare their food and new music to play. She studied the animals and insects around her. Pandora showed man new ways of using fire to cook and work metals.

Pero la curiosidad es arma de doble filo y a pesar de todo el bien que hacía, Pandora no conseguía sacarse de la cabeza la existencia de la caja. Cada día se iba a verla y recordaba las palabras de Zeus:
"¡Esta caja nunca debe ser abierta!"

But curiosity is a double-edged sword, and for all the good that Pandora had done she could not put the locked box out of her mind. Every day she would just go and have a look at it. And every day she remembered Zeus' words:
"This box must never be opened!"

Después de algunos meses Pandora se encontró sentada frente a la caja una vez más. "¿Qué mal puedo hacer si la abro un poco y veo lo que hay adentro?" —se preguntó Pandora. "¿Qué puede haber en la caja que sea tan terrible?" Entonces se cercioró de que no la miraba nadie y con una horquilla de pelo abrió cuidadosamente la cerradura.

After some months had passed Pandora found herself sitting in front of the box again. "What harm would it do if I just sneaked a look inside?" she asked herself. "After all what could possibly be in there that is so terrible?" She looked around to make sure that she was alone and then she took a pin from her hair and carefully picked the lock.

Tan pronto como se abrió la cerradura la
tapa de la caja saltó. Es difícil explicar con
palabras lo terrible que eran las cosas
que habían en la caja y la cantidad
de sufrimiento que desataron.

As soon as the lock opened, the lid flew back and the box
burst open. It is hard to explain in words the terrible things
that were stored within that box and the suffering that
was unleashed upon the world.

Al saltar la tapa salieron el odio y la
avaricia, la pestilencia y las enfermedades,
y todas las terribles cosas que aún
nos atormentan en el mundo.

When the lid was lifted, out flew hate and greed, pestilence and
disease and all the terrible things that still torment us today.

Al darse cuenta de lo que había hecho, Pandora sufrió tal pánico que enseguida cerró la tapa con toda su fuerza. Agotada por el esfuerzo se sentó en el suelo y lloró.

"¡Déjame salir! ¡Déjame salir!" –gritaba una pequeña y suave voz.

Pandora alzó los ojos para mirar de dónde provenía la voz.

Pandora was so shocked when she saw what she had done, that she grabbed the lid and forced it down again with all her strength.

Exhausted she sat on the ground and sobbed.

"Let me out! Let me out!" cried a small and gentle voice.

Pandora looked up to see where this sweet voice was coming from.

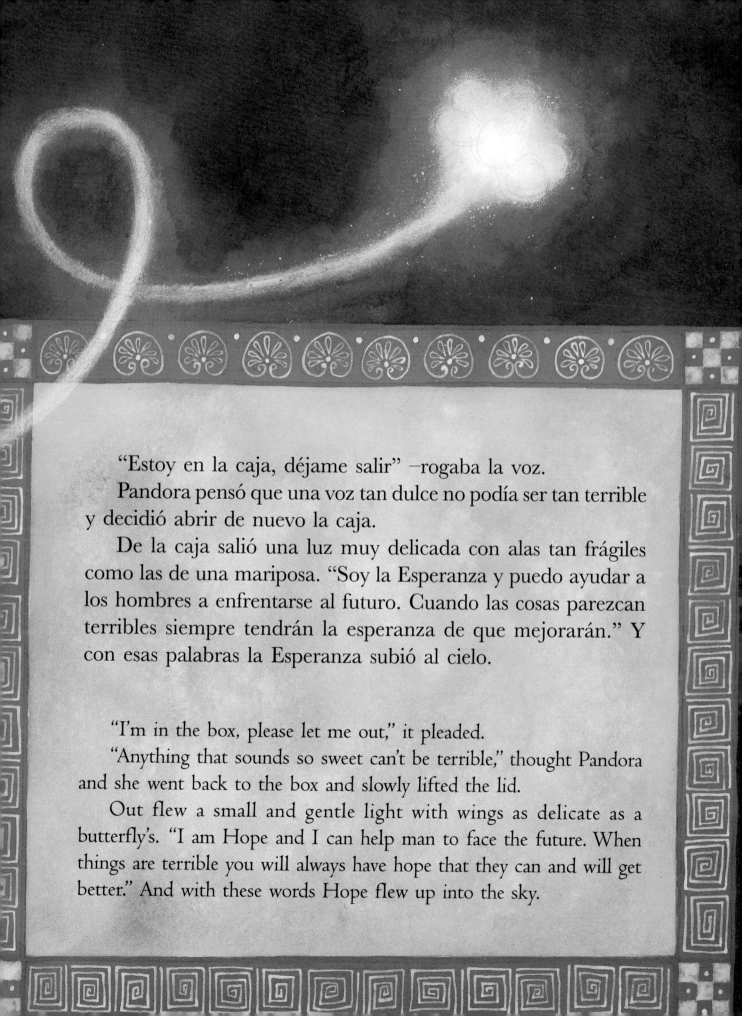

"Estoy en la caja, déjame salir" –rogaba la voz.

Pandora pensó que una voz tan dulce no podía ser tan terrible y decidió abrir de nuevo la caja.

De la caja salió una luz muy delicada con alas tan frágiles como las de una mariposa. "Soy la Esperanza y puedo ayudar a los hombres a enfrentarse al futuro. Cuando las cosas parezcan terribles siempre tendrán la esperanza de que mejorarán." Y con esas palabras la Esperanza subió al cielo.

"I'm in the box, please let me out," it pleaded.

"Anything that sounds so sweet can't be terrible," thought Pandora and she went back to the box and slowly lifted the lid.

Out flew a small and gentle light with wings as delicate as a butterfly's. "I am Hope and I can help man to face the future. When things are terrible you will always have hope that they can and will get better." And with these words Hope flew up into the sky.

Al pasar por el precipicio a donde estaba Prometeo la Esperanza le tocó el corazón.

Pasarían muchos años antes de que Prometeo fuese liberado por Heracles pero, como dice el dicho, ése es otro cuento.

As Hope journeyed across the earth it passed Prometheus chained to the mountain and touched his heart.

It would take a few more thousand years before Heracles set him free but that, as they say, is another story.